우리는 모두 페미니스트가 되어야 합니다

WE SHOULD ALL BE FEMINISTS

Copyright © 2012, 2014 Chimamanda Ngozi Adichie

WE SHOULD ALL BE FEMINISTS

우리는 모두 페미니스트가
되어야 합니다

치마만다 응고지 아디치에 지음
김명남 옮김

창비
Changbi Publishers

이 글은 내가 2012년 12월에 했던 테드×유스턴TED×
Euston 강연의 내용을 다듬은 것입니다. 테드×유스턴은
아프리카를 주제로 한 연례행사입니다. 다양한 분야의 연
사들이 모여서 아프리카 사람들과 아프리카의 친구들에
게 자극과 영감을 줄 수 있는 짧은 강연을 하는 자리이지
요. 나는 그 몇년 전에 다른 테드 콘퍼런스에서 '하나의
이야기의 위험'The Danger of the Single Story 이라는 제목으로
고정관념이 우리의 사고를 얼마나 크게 제약하고 우리의
사고를 형성하는 데 영향을 주는지, 특히 아프리카에 대
한 생각에 얼마나 큰 영향을 미치는지 이야기한 적이 있
었습니다. 그런데 내 생각에는 페미니스트라는 단어, 나
아가 페미니즘이라는 개념 자체도 그런 고정관념들 때문

에 제약되고 있는 것 같았습니다. 그러던 중 테드×유스턴의 공동 조직자인 오빠 추크스와 친구 이케가 나더러 테드×유스턴에도 출연하라고 하자 도무지 거절할 수 없었지요. 나는 페미니즘에 대해서 이야기하기로 정했습니다. 페미니즘은 내가 아주 중요하게 여기는 주제이기 때문입니다. 썩 인기 있는 주제는 아닐지도 모른다 싶었지만, 우리에게 꼭 필요한 대화를 내가 시작할 수 있으면 좋겠다고 생각했습니다. 그래서 그날 저녁 무대에 섰을 때, 나는 가족 앞에 선 기분이었습니다. 다정하게 귀 기울여 들어주겠지만 내 이야기의 주제에 거부감을 느낄지도 모르는 청중 앞에 선 것 같았지요. 결국에는 그들의 기립박수가 내게 희망을 주었습니다.

차례

일러두기

1. 이 책에 추가로 수록한 「여성스러운 실수」는 잡지 『모어』*MORE*의 2015년 7-8월호에, 「인터뷰: 이야기꾼」은 잡지 『미즈』*Ms.*의 2014년 여름호에 실린 것이다.

2. 본문의 주는 모두 옮긴이의 것이다.

우리는 모두 페미니스트가
되어야 합니다

WE SHOULD ALL BE FEMINISTS

오콜로마는 내 어린 시절 가장 좋은 친구 중 하나였습니다. 오콜로마는 우리 집과 같은 골목에 살았고, 나를 친오빠처럼 돌봐주었습니다. 나는 좋아하는 남자아이가 생기면 오콜로마에게 의견을 묻곤 했지요. 오콜로마는 재미있었고, 지적이었고, 끝이 뾰족한 카우보이 부츠를 신었습니다. 그리고 2005년 12월, 나이지리아 남부에서 발생한 비행기 추락 사고로 죽었습니다. 내 기분을 표현하기란 여전히 어렵습니다. 오콜로마는 내가 함께 논쟁할 수 있는 사람, 함께 웃을 수 있는 사람, 함께 진정한 대화를 나눌 수 있는 사람이었습니다. 그는 또한 처음으로 나를 페미니스트라고 부른 사람이었습니다.

내가 열네살쯤 되었을 때였습니다. 우리는 오콜로마의 집에서 무언가에 대해 언쟁하고 있었습니다. 둘 다 책에서 배운 설익은 지식으로 가득 차 있던 때였지요. 논쟁의 주제가 정확히 무엇이었는지는 기억나지 않지만, 내가 한참 주장하고 또 주장했더니 오콜로마가 내게 이렇게 말했던 것은 똑똑히 기억납니다. "있잖아, 너 꼭 페미니스트 같아."

그것은 칭찬이 아니었습니다. 말투에서 알 수 있었지요. "너 꼭 테러 지지자 같아"라고 말하는 듯한 어조였거든요.

그때 나는 페미니스트라는 단어의 뜻을 정확히 몰랐습니다. 그리고 내가 모른다는 사실을 오콜로마가 모르기를 바랐습니다. 그래서 그 문제는 제쳐두고 하던 이야기를 계속했습니다. 집에 가자마자 사전에서 그 단어부터 찾아봐야겠다고 결심하고서.

*

시간을 십여년 후로 빨리 감아볼까요.

2003년, 나는 『보랏빛 히비스커스』*Purple Hibiscus*라는 소설을 썼습니다. 소설의 주인공은 이런저런 특징이 있지만 무엇보다도 아내를 때리는 남자인데, 결국 썩 좋지 못한 결말을 맞지요. 나이지리아에서 소설을 홍보할 때, 선량하고 선의를 품은 웬 저널리스트가 내게 충고를 하나 하고 싶다고 말했습니다. (여러분도 아는지 모르겠지만, 나이지리아 사람들은 청하지도 않은 소위 충고를 하는 데 선수들이랍니다.)

그는 내게 사람들이 내 소설을 두고 페미니즘적이라고 수군거린다고 말했습니다. 그리고 충고하기를, 이 말을 하면서 그는 슬픈 듯이 고개를 절레절레 저었는데요, 나더러 절대로 스스로를 페미니스트라고 부르지 말라는 것이었습니다. 왜냐하면 페미니스트란 남편을 얻지 못해서 불행한 여자를 말하는 것이니까요.

그래서 나는 스스로를 '행복한 페미니스트'라고 부르기로 결심했습니다.

그런데 이번에는 나이지리아 여성인 웬 학자가 나더러 페미니즘은 나이지리아 문화가 아닌 비非아프리카적인 것이며 내가 스스로를 페미니스트로 일컫는 것은 서구의 책에 영향받았기 때문이라고 말했습니다. (이 지적은 퍽 흥미로웠는데, 왜냐하면 내가 어릴 때 읽었던 책 대부분이 분명 반反페미니즘적이었기 때문입니다. 열여섯살까지 나는 당시 출간되었던 밀스앤분Mills & Boon●의 로맨스 소설을 아마 한권도 안 빼고 다 읽었을 걸요. 그리고 "페미니즘 고전"이라고 불리는 책들은 시도할 때마다 따분해져서 끝까지 읽으려면 안간힘을 써야만 했습니다.)

● 영국의 대표적 로맨스 소설 출판사.

아무튼 페미니즘이 비아프리카적이라고 하니까, 나는 이제 스스로를 '행복한 아프리카 페미니스트'라고 부르기로 했습니다. 그런데 친한 친구 하나가 나더러 스스로를 페미니스트로 일컫는 것은 남자를 미워한다는 뜻이라고 말해주더군요. 그래서 나는 이제 스스로를 '남자를 미워하지 않는 행복한 아프리카 페미니스트'라고 부르기로 했습니다. 그러다 더 나중에는 '남자를 미워하지 않으며 남자가 아니라 자기자신을 위해서 립글로스를 바르고 하이힐을 즐겨 신는 행복한 아프리카 페미니스트'가 되었습니다.

물론 이런 이야기는 대체로 농담이었지만, 이것만 보아도 페미니스트라는 단어에 얼마나 많은 함의가 깔려 있는가, 그것도 부정적인 함의가 깔려 있는가를 잘 알 수 있습니다.

페미니스트는 남자를 싫어하고, 브래지어도 싫어하고, 아프리카 문화를 싫어하고, 늘 여자가 우위에 있어야 한다고 생각하고, 화장을 하지 않고, 면도도 하지 않고, 늘 화가 나 있고, 유머감각이 없고, 심지어 데오도란트도 안 쓴다는 거지요.

내가 어릴 때 겪었던 이야기를 하나 더 들려드리겠습니다.

나이지리아 남동부의 대학 도시 은수카Nsukka에서 초등학교를 다닐 때였습니다. 학기가 시작될 무렵, 담임 선생님이 우리에게 학급 전체가 시험을 쳐서 점수를 가장 잘 받은 사람을 반장으로 임명하겠다고 말했습니다. 반장은 대단한 것이었습니다. 반장이 되면 매일 떠든 아이들의 이름을 적을 수 있었지요. 그것만으로도 충분히 대단한 위세였지만 더군다나 우리 선생님은 반장에게 교실을 돌아다니면서 누가 떠드나 감시할 때 손에 쥘 회초리도 주었습니다. 그야 물론, 회초리를 진짜로 사용하는 것은 허락되지 않았지요. 하지만 아홉살이었던 내게는 충분히 신나는 전망이었습니다. 나는 간절히 반장이 되고 싶었습니다. 그리고 나는 시험에서 제일 높은 점수를 받았습니다.

그러나 나는 놀라지 않을 수 없었습니다. 선생님이 반장은 남자아이여야 한다고 말하는 게 아니겠어요. 선생님은 그 점을 사전에 밝히는 걸 잊었는데, 어차피 그건 당연한 일이라고 여겼던 겁니다. 시험에서 이등을 한 아이는 남자아이였습니다. 그러니 그 남자아이가 반장이 될 것이라고 했습니다.

더욱더 재미있었던 점은, 그 남자아이는 회초리를 들고 교실을 순찰하는 데는 눈곱만큼도 관심이 없는 상냥하고 온화한 아이였다는 것입니다. 반면에 나는 너무너무 그러고 싶었지요.

하지만 나는 여자였고, 그 아이는 남자였으므로, 그 아이가 반장이 되었습니다.

나는 이 사건을 내내 잊지 못했습니다.

우리가 어떤 일을 거듭 반복하면, 결국 그 일이 정상이 됩니다. 우리가 어떤 일을 거듭 목격하면, 결국 그 일이 정상이 됩니다. 만일 남자아이만 계속해서 반장이 되면, 결국 우리는 무의식적으로라도 반장은 남자여야 한다고 생각하게 됩니다. 만일 남자들만 계속해서 회사의 사장이 되는 것을 목격하면, 차츰 우리는 남자만 사장이 되는 것이 "자연스럽다"고 여기게 됩니다.

*

우리가 어떤 일을 거듭 반복하면,
결국 그 일이 정상이 됩니다.
만일 남자들만 계속해서
회사의 사장이 되는 것을 목격하면,
차츰 우리는 남자만 사장이 되는 것이
"자연스럽다"고 여기게 됩니다.

가끔 나는 내게 당연한 것은 남에게도 당연하다고 여기는 실수를 저지릅니다. 내 친구 루이스의 예를 들어볼까요? 루이스는 똑똑하고 진보적인 남성입니다. 그런데 우리가 대화를 나누던 중 그가 내게 이렇게 말했습니다. "여자들이 겪는 세상은 남자들과는 다르고 더 어렵다는 말이 무슨 뜻인지 모르겠어. 옛날에는 그랬을지 몰라도 지금은 아니야. 요즘은 여자들에게도 아무 어려움이 없어." 나는 어째서 루이스가 내 눈에는 이토록 명백한 사실을 못 보는지 이해할 수 없었습니다.

나는 고향 나이지리아에 가는 것을 좋아하고, 가서는 나이지리아 최대의 도시이자 상업의 중심지인 라고스Lagos에서 시간을 많이 보냅니다. 저녁이 되어 열기가 한풀 꺾이고 도시가 좀더 느리게 돌아가기 시작하면, 친구들과 가족들과 함께 식당이나 카페로 놀러 나가곤 합니다. 언제나처럼 그러던 어느날 저녁, 나는 루이스와 함께 친구들을 만나러 나갔습니다.

라고스에는 흥미로운 현상이 하나 있습니다. 혈기 왕성한 젊은 남자들이 몇몇 시설 앞에서 어슬렁거리다가 그곳을 찾아온 사람들의 주차를 아주 연극적인 태도로 "도와주는" 것입니다. 라고스는 인구가 이천만명에 육박

하는 거대도시입니다. 런던보다 에너지가 넘치고, 뉴욕보다 기업가 정신이 넘치죠. 사람들은 늘 다양하고 기발한 생계수단을 생각해냅니다. 대도시가 대부분 그렇듯이, 라고스에서는 저녁에 주차 공간을 찾기가 힘들 수 있습니다. 그래서 청년들은 주차 공간을 찾아주는 일을, 심지어는 뻔히 주차 공간이 있더라도 요란한 몸짓을 해대면서 차 대는 것을 안내하고 당신이 돌아올 때까지 차를 "잘 봐드리겠다"고 약속하는 일을 사업화한 것입니다. 그날 저녁 나는 우리에게 주차 공간을 찾아준 남자의 유달리 연극적인 몸짓에 깊은 인상을 받았습니다. 그래서 그 자리를 떠나면서 남자에게 팁을 주기로 했습니다. 나는 가방을 열고 손을 넣어 돈을 꺼낸 뒤 남자에게 건넸습니다. 남자는 내가 건넨 돈을 기쁘고 고맙게 받은 뒤 루이스를 향해 말했습니다. "고맙습니다, 선생님!"

　루이스는 놀라서 나를 보며 말했습니다. "왜 나한테 고맙다는 거지? 내가 돈을 준 것도 아닌데." 그러더니 루이스의 얼굴에 무언가를 깨달은 표정이 떠올랐습니다. 남자는 내가 가진 돈은 무엇이든지 결국에는 루이스에게서 나왔으리라고 믿었던 것입니다. 왜냐하면 루이스가 남자니까요.

*

　남자와 여자는 다릅니다. 호르몬이 다르고, 성기가 다르고, 생물학적 능력이 다릅니다. 여자는 아기를 낳을 수 있지만 남자는 못 낳습니다. 남자는 여자보다 테스토스테론을 더 많이 갖고 있고 일반적으로 여자보다 육체적으로 더 강합니다. 세상에는 남자보다 여자가 약간 더 많습니다. 세계 인구의 52퍼센트가 여성입니다. 하지만 권력과 명예가 따르는 지위의 대부분은 남자가 차지하고 있습니다. 작고한 케냐의 노벨평화상 수상자 왕가리 마타이Wangari Muta Maathai는 이 현상을 다음과 같이 간결하게 묘사했지요. "높이 올라갈수록 여자가 적어진다."

　미국의 지난 선거 기간(2008년)에는 릴리 레드베터법Lilly Ledbetter Law *이 수시로 거론되었는데, 근사한 두운법을 뽐내는 이름을 넘어서서 그 내용을 보자면 이 법이 생긴 이유는 간단합니다. 미국에서는 남자와 여자가 똑같은 자격 조건으로 똑같은 일을 하더라도 남자가 돈을

* 2009년 발효된 릴리 레드베터 공정임금법은 임금차별에 대한 소송을 좀더 쉽게 한 수정법률이다.

더 많이 받는다는 겁니다. 왜냐하면 남자이기 때문에.

그러니 남자들은 말 그대로 세상을 지배하고 있습니다. 이것은 합리적인 현상이었습니다. 지금으로부터 천년 전에는요. 당시에는 육체적 힘이 생존에 가장 중요한 자질이었기 때문에, 육체적으로 강한 사람이 지도자가 될 가능성이 높았습니다. 그리고 일반적으로는 남자가 육체적으로 더 강합니다. (물론 예외도 많지만요.) 하지만 오늘날 우리가 사는 세상은 전혀 다릅니다. 오늘날 지도자가 되기에 알맞은 사람은 육체적으로 더 강한 사람이 아닙니다. 더 지적이고, 더 많이 알고, 더 창의적이고, 더 혁신적인 사람입니다. 그리고 이런 자질들을 좌우하는 호르몬은 없습니다. 남자 못지않게 여자도 지적일 수 있고, 혁신적일 수 있고, 창의적일 수 있습니다. 우리는 진화했습니다. 그러나 젠더에 대한 우리의 생각들은 아직 충분히 진화하지 못했습니다.

*

얼마 전, 내가 나이지리아 최고의 호텔 중 한곳의 로비로 걸어들어가는데, 입구의 경비가 나를 불러세우더니 성가신 질문들을 던졌습니다. 내가 만나기로 한 손님의 이름은 무엇이고 방 번호는 어떻게 되는지? 내가 그 사람을 개인적으로 아는지? 내가 정말로 호텔 손님이라면 카드키를 보여줄 수 있는지? 왜냐하면 혼자서 호텔로 들어오는 나이지리아 여성은 성 노동자라는 게 자동적인 가정이기 때문입니다. 같은 호텔에 혼자 들어온 남자는 그런 질문에 시달리지 않습니다. 남자는 무언가 정당한 용무가 있어서 왔을 것이라는 가정이 깔려 있기 때문입니다. (말이 나왔으니 말인데, 호텔들은 왜 표면적인 공급만 단속하고 성 노동자에 대한 수요는 단속하지 않는 것일까요?)

라고스에서 나는 평판 좋은 클럽이나 바에 혼자서는 못 갈 때가 많습니다. 여자 혼자 찾아가면 아예 들여보내주지를 않거든요. 반드시 남자와 동행해야 합니다. 상황이 그렇다보니 내 남자 친구들은 종종 클럽에 도착해서 생판 모르는 사람과 팔짱을 끼고 입장하곤 합니다. 그 생판 모르는 사람인 혼자 온 여자는 누군가에게 그런 "도움"을 요청하지 않고서는 클럽에 들어갈 방법이 없기 때문입니다.

내가 남자와 동행하여 나이지리아 식당에 들어서면,

웨이터들은 매번 남자에게만 인사를 건네고 나는 무시합니다. 그 웨이터들의 태도는 남자가 여자보다 더 중요하다고 가르치는 사회의 산물일 뿐이고, 나도 그들이 일부러 나를 기분 나쁘게 만들려고 한 것은 아님을 알지만, 무언가를 머리로 이해하는 것과 가슴으로 느끼는 것은 전혀 다른 문제입니다. 그들이 나를 무시할 때마다 나는 투명인간이 된 기분입니다. 속이 상합니다. 그들에게 나도 남자와 똑같은 인간이라고, 나도 똑같은 인사를 받을 자격이 있는 사람이라고 말하고 싶습니다. 이것은 그저 사소한 일이지만, 때로는 사소한 일이 가장 아픈 법입니다.

얼마 전에 나는 라고스에서 젊은 여성으로 산다는 것에 관한 글을 발표한 적이 있습니다. 그런데 아는 사람 하나가 그 글을 읽고는 성난 글이었다며, 그렇게 성난 투로 이야기해서는 안 되었다고 말하더군요. 하지만 나는 반성하지 않았습니다. 왜냐하면 나는 정말로 성이 나니까요. 오늘날 젠더가 기능하는 방식은 대단히 불공평합니다. 나는 화가 납니다. 우리는 모두 화내야 합니다. 분노는 예로부터 긍정적인 변화를 일으키는 힘이었습니다. 그리고 분노에 더해 내게는 희망도 있습니다. 사람들에게는 더 나은 자신으로 변하는 능력이 있다고 굳게 믿기

그들에게
나도 남자와 **똑같은** 인간이라고,
나도 **똑같은** 인사를 받을 자격이 있는
사람이라고 말하고 싶습니다.
이것은 그저 사소한 일이지만,
때로는 **사소한 일이**
가장 **아픈** 법입니다.

때문입니다.

하지만 우선 분노에 대해서 마저 이야기할까요? 나는 그 사람의 말투에서 조심스러워하는 기색을 감지했고, 그의 지적이 내 글에 대해서만이 아니라 나라는 인간에 대해서도 적용되는 것임을 알아차렸습니다. 그 어조는 분노가 여자에게는 특히 바람직하지 않다고 말하는 것이었습니다. 여자라면 화내서는 안 된다, 화내면 사나워 보인다는 것이었습니다. 내가 아는 미국인 여자 친구 중 한 명은 원래 남자가 맡았던 관리자 자리를 맡게 되었습니다. 친구의 전임자는 "터프한 야망가"라는 평판을 듣는 사람이었습니다. 무뚝뚝하고, 뭐든 밀어붙이고, 특히 출퇴근 기록부 작성에 엄격한 사람이었지요. 친구는 새 일을 맡으면서 자신이 남자 전임자 못지않게 터프하지만 그보다는 약간 더 상냥할지도 모른다고 생각했습니다. 친구에 따르면 전임자는 가끔 직원들에게 가족이 있다는 사실을 모르는 것처럼 굴 때가 있었는데, 친구는 그 사실을 잘 이해하고 있었으니까요. 새 일을 시작한 지 몇주쯤 되었을 때, 친구는 출퇴근 기록부를 날조한 직원에게 징계를 내렸습니다. 전임자도 똑같이 했을 만한 조치였죠. 그런데 그 직원이 상급 관리자에게 친구의 스타일에 대해서 불평했다는 겁니다. 그녀가 공격적이고 함께 일하기 까다로운 사람이라고 말입니다. 다른 직원들도 동의했습니다. 그녀가 그 일에 "여성의 손길"을 가져오기를 기대했는데 그렇지 않았다고 말한 사람도 있었습니다.

그들 중 누구도 그녀가 한 일은 남자가 했다면 칭찬받았을 일이라는 생각은 하지 못했습니다.

역시 미국인 여성인 내 다른 친구는 광고업계에서 높은 연봉을 받으며 일하고 있습니다. 팀에 두명밖에 없는 여성 중 한명이지요. 어느날 친구는 내게 상사가 회의에서 자신을 무시한 것 같다고 말했습니다. 상사가 그녀가 한 발언은 무시하더니 나중에 비슷한 말을 남자가 했을 때는 칭찬하더라는 겁니다. 그녀는 가만있지 않고 상사에게 따지고 싶었습니다. 하지만 그러지 않았습니다. 대신 회의가 끝난 뒤 화장실로 가서 울었고, 그뒤에 하소연이라도 하려고 내게 전화를 걸었습니다. 그녀가 그 자리에서 나서서 말하지 않았던 것은 사나워 보이고 싶지 않았기 때문입니다. 그녀는 억울함을 그냥 삼켰습니다.

그 친구도 그렇고 다른 많은 미국인 여자 친구들에 대해서 내가 놀란 점은, 그들이 "호감 가는" 사람이 되기 위해서 엄청나게 애쓴다는 것이었습니다. 또 호감을 얻는 것은 아주 중요한 일이며 그 "호감 가는" 성격이란 구체적으로 정해져 있다고 믿도록 교육받았다는 점이었습니다. 그리고 "호감 가는" 성격의 구체적인 속성에는 화를 표출하거나 공격적이거나 너무 큰 목소리로 반대하는 것은 포함되지 않습니다.

우리는 여자아이들에게 남자아이들이 그들을 어떻게 생각하는지 걱정하도록 가르치는 데 너무 많은 시간을 쏟습니다. 하지만 거꾸로는 하지 않습니다. 남자아이들에게 어떻게 하면 호감 가는 사람이 될지 걱정하도록 가르치지는 않습니다. 우리는 여자아이들에게 화내선 안 되고 공격적이어선 안 되고 터프해서도 안 된다고 가르치는 데 너무 많은 시간을 쏟는데, 그것만으로도 충분히 나쁘지만 더구나 돌아서서는 똑같은 행동을 한 남자들을 칭찬하거나 면책해줍니다. 전세계 어디에나 여자들에게 남자의 마음을 끌거나 남자를 기쁘게 하려면 무엇을 해야 하는지, 어떻게 해야 하는지, 어떻게 하지 말아야 하는지를 가르치는 잡지며 책이 넘쳐납니다. 그에 비해 남자들에게 여자를 기쁘게 하려면 어떻게 해야 하는지 가르치는 글은 훨씬 적습니다.

나는 라고스에서 글쓰기 워크숍을 하고 있습니다. 그

런데 참가자였던 젊은 여성이 내게 말하기를, 자기 친구가 자기더러 내 "페미니스트 이야기"를 귀담아듣지 말라고 충고했다는 겁니다. 안 그러면 그녀도 그런 생각들을 흡수해서 결혼 생활을 망치고 말 거라나요. 이것은 협박입니다. 결혼을 망칠 거라는 말, 아예 결혼하지도 못할 거라는 말은 우리 사회가 남자보다 여자에게 훨씬 더 많이 가하는 협박입니다.

젠더는 세계 어디에서나 중요한 문제입니다. 그리고 지금 나는 여러분에게 현재와는 다른 세상을 꿈꾸고 계획하는 일에 함께 나서자고 요청합니다. 지금보다 좀더 공정한 세상을, 스스로에게 좀더 진실함으로써 좀더 행복해진 남자들과 좀더 행복해진 여자들이 살아가는 세상을 말입니다. 그러기 위해서 우리가 가장 먼저 해야 할 일은 우리 딸들을 지금과는 다르게 키우는 것입니다. 우리 아들들도 지금과는 다르게 키워야 합니다.

*

지금 우리가 남자아이들을 기르는 방식은 아이들에게 몹쓸 짓을 하는 것이나 마찬가지입니다. 우리는 남자

지금보다 좀더 공정한 세상을,
스스로에게 좀더 진실함으로써
좀더 행복해진 남자들과
좀더 행복해진 여자들이
살아가는 세상을.

아이들의 인간성을 억압하고 있습니다. 남성성을 대단히 협소한 의미로만 정의합니다. 남성성은 좁고 딱딱한 우리와 같고, 우리는 그 속에 남자아이들을 밀어넣습니다.

우리는 남자아이들에게 두려움, 나약함, 결점을 내보이는 것을 두려워하라고 가르칩니다. 자신의 진정한 자아를 감추라고 가르칩니다. 왜냐하면 남자아이는, 나이지리아 표현으로, 단단한 남자가 되어야 하기 때문이지요.

중학생인 남자아이와 여자아이가 함께 외출하면, 둘 다 십대라서 용돈이 몇푼 없는 것은 똑같지만 늘 남자아이가 자신의 남성성을 증명하기 위해서 돈을 다 내야 한다고들 여깁니다. (그러고서는 왜 남자아이가 여자아이보다 부모의 돈을 슬쩍하는 경우가 더 많을까 의아해하지요.)

만일 남자아이든 여자아이든 남성성과 돈을 연결 짓지 않도록 배운다면 어떨까요? "원래 남자애가 내는 거야" 대신 "남자든 여자든 돈이 더 있는 사람이 내는 거야"라는 태도를 취한다면 어떨까요? 물론, 지금까지 누려온 이점이 있기 때문에 오늘날 실제로 돈이 더 많은 사람은 대체로 남자일 것입니다. 하지만 우리가 지금부터 아이들을 다르게 키운다면, 앞으로 오십년 혹은 백년 뒤에는 남자아이들이 자신의 남성성을 물질적 수단으로 증명해보여야 한다는 압박을 더는 느끼지 않을 것입니다.

그런데, 우리가 남자들에게 저지르는 몹쓸 짓 중에서도 가장 몹쓸 짓은, 남자는 모름지기 강인해야 한다고 느끼게 함으로써 그들의 자아를 아주 취약하게 만든다는 것입니다. 남자들이 스스로 더 강해져야 한다고 느낄수록 사실 그 자아는 더 취약해집니다.

또한 우리는 여자아이들에게도 대단히 몹쓸 짓을 하고 있습니다. 여자아이들에게는 남자의 그 취약한 자아에 요령껏 맞춰주라고 가르치기 때문입니다.

우리는 여자아이들에게 자신을 움츠리라고, 자신을 위축시키라고 가르칩니다.

우리는 여자아이들에게 이렇게 말합니다. 야망을 품는 것은 괜찮지만 너무 크게 품으면 안 돼. 성공을 목표로 삼아도 괜찮지만 너무 성공해서는 안 돼. 그러면 남자들이 위협을 느낄 테니까. 설령 남자와의 관계에서 네가 가장 노릇을 하더라도, 사람들 앞에서는 특히 그렇지 않은 척해야 해. 안 그러면 남자가 기가 죽을 테니까.

하지만 만일 우리가 전제 자체를 의심한다면 어떨까요? 대체 왜 여자의 성공이 남자에게 위협이 되지요? 만일 우리가 남자의 기가 죽는다는 말 자체를 없애기로 결

우리는 여자아이들에게
이렇게 말합니다.
야망을 품는 것은 괜찮지만
너무 크게 품으면 안 돼.
그러면 남자가 기가 죽을 테니까.

정한다면 어떨까요? 정말이지 나는 세상에서 이것보다 더 꼴 보기 싫은 말이 또 없는 것 같습니다.

한번은 알고 지내는 어느 나이지리아 사람이 내게 나 때문에 남자들이 위축될까봐 걱정되지 않느냐고 묻더군요.

나는 전혀 걱정되지 않았습니다. 사실은 걱정해야 한다는 생각조차 들지 않았습니다. 나한테 위축될 남자라면 애초에 내가 전혀 흥미를 느끼지 못할 타입이니까요.

그래도 나는 그 말에 충격을 받았습니다. 내가 여성이라서, 사람들은 늘 내가 결혼을 갈구할 거라고 생각합니다. 내가 삶에서 어떤 선택을 내리든 인생에서 가장 중요한 것은 결혼이라는 점을 늘 염두에 두고서 행동할 거라고 생각합니다. 결혼은 물론 좋을 수 있습니다. 결혼은 즐거움, 사랑, 서로에 대한 지지를 제공할 수 있습니다. 하지만 왜 우리는 여자아이들에게는 결혼을 갈구하도록 가르치면서 남자아이들에게는 그렇게 가르치지 않는 것일까요?

내가 아는 한 나이지리아 여성은 자신과 결혼하고 싶어할지도 모르는 남자의 기를 죽이지 않기 위해서 자기가 갖고 있던 집을 팔았습니다.

내가 아는 또다른 나이지리아 여성은 미혼인데, 회의

에 참석할 때는 동료들이 "자신을 존중해주길" 바라기 때문에 꼭 결혼반지를 낀답니다.

이 이야기에서 슬픈 점은, 그녀가 결혼반지를 끼지 않으면 정말로 만만하게 묵살해도 되는 사람으로 여겨지는데 비해 결혼반지를 끼면 재깍 존중해야 할 사람이 된다는 것입니다. 고릿적도 아니고 현대의 직장에서 말입니다.

나는 가족으로부터, 친구로부터, 심지어는 직장에서 결혼하라는 압박을 하도 많이 받은 나머지 등 떠밀리듯이 나쁜 선택을 하고 만 젊은 여자들을 많이 압니다.

우리 사회는 일정 연령에 다다른 여자가 결혼을 하지 않으면 그것을 심각한 개인적 실패로 여기도록 가르칩니다.

반면에 일정 연령에 다다른 남자가 결혼을 하지 않고 있으면 아직 짝을 고를 마음이 나지 않아서 그런 것이라고 이해해줍니다.

여자들이 그 모든 압박에 대해서 그냥 싫다고 거부하면 되지 않느냐고요? 그렇게 말하기야 쉽지요. 하지만 현실은 좀더 까다롭고 좀더 복잡합니다. 우리는 모두 사회적 존재입니다. 우리는 모두 사회화를 겪으면서 사회에 퍼진 개념들을 내면화합니다.

우리가 쓰는 언어에도 이 점이 잘 드러나 있습니다. 우리가 결혼을 이야기할 때 쓰는 언어는 파트너십의 언어가 아니라 소유권의 언어일 때가 많습니다.

우리는 여자가 남자를 존중한다는 표현은 자주 쓰지만 남자가 여자를 존중한다는 표현은 거의 쓰지 않습니다.

"가정의 평화를 지키기 위해서 그랬어"라는 말은 남자든 여자든 공히 자주 합니다.

그런데 남자들이 그 말을 할 때는 보통 어차피 해서는 안 되는 무언가를 포기한 경우입니다. 남자들은 짐짓 부아가 난 척하면서, 사실 궁극적으로는 자신의 남성성을 증명해 보이기 위해서, 친구들에게 이렇게 말합니다. "아, 우리 마누라가 매일 밤 클럽에 가는 건 안 된다고 하잖아. 그래서 이제 가정의 평화를 위해서 주말에만 가기로 했어."

반면에 여자들이 "가정의 평화를 위해서"라고 말할 때는 보통 직장이나 경력이나 꿈을 포기한 경우입니다.

우리는 여자들에게 남녀 관계에서는 원래 여자가 더 많이 타협하는 거라고 가르칩니다.

우리는 여자아이들에게 서로를 경쟁자로 여기도록 가르칩니다. 일자리나 성취에 대한 경쟁이라면 좋을 수도 있다고 보지만, 그게 아니라 남자들의 관심을 놓고 경쟁하도록 가르칩니다.

우리는 여자아이들에게 그들은 남자아이들과는 달리 성적인 존재가 될 수 없다고 가르칩니다. 아들을 둔 부모들은 아들에게 여자친구가 있다는 걸 알아도 대수롭지 않게 여깁니다. 하지만 딸의 남자친구는? 맙소사, 절대로 안 되죠. (하지만 그러고서는 딸이 적당한 시기가 되면 완벽한 남편감을 데리고 나타나기를 기대하지요.)

우리는 여자아이들을 단속합니다. 우리는 여자아이들의 처녀성을 칭찬하지만, 남자아이들의 동정을 칭찬하진 않습니다(그리고 나는 어떻게 그렇게 생각할 수 있는지 늘 의아하기 짝이 없는데, 왜냐하면 보통 순결의 상실은 성별이 다른 두 사람이 관여하는 과정이니까 말입니다).

최근 나이지리아의 한 대학에서 젊은 여성이 집단 성폭행을 당하는 사건이 있었습니다. 사건에 대한 나이지리아 젊은이들의 반응은 남녀를 불문하고 이런 식이었습니다. 그야 강간은 나쁜 짓이지만, 애초에 왜 여자애가 남자애 네명하고 한방에 있었다죠?

쉽지 않은 일이지만, 일단 이런 반응에 담긴 끔찍한 비인간성은 눈감아주도록 합시다. 그렇게 대답한 나이지리아 젊은이들은 본질적인 잘못이 여자에게 있다고 생각하도록 교육받으며 자랐습니다. 그리고 남자에게는 아무것도 기대해선 안 된다는 가르침도 받았기 때문에, 남자를 자기통제력이 없는 야만인으로 보는 시각조차 별 문제 없는 것으로 받아들이게 되었습니다.

우리는 여자아이들에게 수치심을 가르칩니다. 다리를 오므리렴. 몸을 가리렴. 우리는 여자아이들에게 여자로 태어난 것부터가 무슨 죄를 지은 것인 양 느끼게끔 만듭니다. 그런 여자아이들이 자라면, 자신에게 욕구가 있다는 말을 감히 꺼내지 못하는 여성이 됩니다. 스스로를 침묵시키는 여성이 됩니다. 자신의 진짜 생각을 말하지 못하는 여성이 됩니다. 가식을 예술로 승화시킨 여성이 됩니다.

내가 아는 한 여성은 집안일을 싫어하지만 좋아하는 척합니다. 나이지리아에서 쓰는 표현으로 말하자면, 가정적인 여자가 "좋은 아냇감"이라는 말을 들으면서 자랐기 때문입니다. 그녀는 결국 결혼을 했습니다. 그러자 시댁 식구들은 그녀가 변했다고 불평하기 시작했습니다. 사실 그녀는 변하지 않았습니다. 진정한 자신이 아닌 것을 가식으로 흉내 내는 데 지쳤을 뿐이지요.

오늘날 젠더의 문제는 우리가 각자 어떤 사람인지를 깨닫도록 돕는 게 아니라 우리가 어떤 사람이어야만 하는지를 규정한다는 점입니다. 상상해보세요. 만일 우리

다리를 오므리렴.
몸을 가리렴.
우리는 여자아이들에게
여자로 태어난 것부터가
무슨 죄를 지은 것인 양
느끼게끔 만듭니다.

가 젠더에 따른 기대의 무게에서 벗어난다면, 우리는 얼마나 더 행복해질까요? 각자의 진정한 자아로 산다면, 얼마나 더 자유로울까요?

*

남자아이와 여자아이가 생물학적으로 다르다는 것은 부정할 수 없는 사실입니다. 하지만 사회화가 그 차이를 더 강화합니다. 그러면 그다음에는 자기충족적인 과정이 시작됩니다. 요리를 예로 들어볼까요? 오늘날 요리나 청소 같은 집안일은 일반적으로 여자가 남자보다 더 많이 합니다. 왜 그럴까요? 여자들이 요리 유전자를 타고나기 때문일까요, 아니면 오랜 사회화 과정을 통해서 요리를 여성의 역할로 여기게 되었기 때문일까요? 나는 정말 여자들이 요리 유전자를 타고나는지도 모른다고 말하고 싶지만, 세상에서 제일 유명한 요리사들, "셰프"라는 화려한 이름으로 불리는 요리사들은 대다수가 남자라는 사실이 떠올라서 차마 그렇게 말할 수 없습니다.

나는 참으로 똑똑한 여성인 우리 할머니를 보면서, 할머니가 젊었을 때 남자들과 똑같은 기회를 누렸다면 과

연 어떻게 되셨을까 생각하곤 합니다. 요즘은 할머니가 자라난 시절보다는 여자들에게 더 많은 기회가 주어집니다. 정책과 법률의 변화 덕분입니다. 그런 변화는 아주 중요합니다.

그러나 그보다 더 중요한 것은 우리 태도의 변화, 우리 사고방식의 변화입니다.

만일 우리가 아이들을 키우면서 젠더가 아니라 능력에 초점을 맞춘다면 어떨까요? 젠더가 아니라 관심사에 초점을 맞춘다면 어떨까요?

*

내가 아는 어떤 가족은 아들과 딸을 두고 있습니다. 남매는 연년생인데 둘 다 학교 공부를 아주 잘하지요. 그런데 아들이 배고파하면, 부모는 딸에게 "오빠한테 라면 좀 끓여주렴"이라고 말합니다. 딸은 라면 끓이는 걸 좋아하지 않지만, 여자이기 때문에 해야 합니다. 만일 부모가 처음부터 두 아이 모두에게 라면 끓이는 법을 가르친다면 어떨까요? 말이 나왔으니 말인데, 요리는 남자아이에게도 유용하고 실용적인 생활의 기술입니다. 나는 어떻게 스스로 영양을 섭취하는 능력처럼 중요한 일을 남들 손에 턱 맡겨버릴 수 있는지 늘 이해가 되지 않습니다.

내가 아는 한 여성은 남편과 똑같은 학위를 받았고 똑같은 일을 하고 있습니다. 두 사람이 퇴근해서 집에 돌아오면 아내가 집안일을 거의 도맡는데, 이건 대부분의 부부들이 그렇죠. 내가 그보다도 놀란 점은 남편이 아기 기저귀를 갈 때마다 아내가 "고마워요"라고 말한다는 거였습니다. 만일 그녀가 남자가 자기 자식을 돌보는 것은 정상적이고 자연스러운 일이라고 여긴다면 어떨까요?

*

나는 자라면서 내면화했던 여러 젠더의 교훈들을 벗어버리려 애쓰고 있습니다. 하지만 아직도 가끔은 젠더에 따르는 기대 앞에서 나 자신이 취약해지는 것을 느낍니다.

처음 대학원에서 글쓰기를 가르치게 되었을 때, 나는 걱정이 앞섰습니다. 가르칠 내용에 대한 걱정은 아니었습니다. 준비를 철저히 한데다가 내가 좋아하는 내용을 가르치는 것이었으니까요. 대신 무엇을 입고 가야 할지가 걱정이었습니다. 나는 진지한 인상을 주고 싶었습니다.

나는 내가 여성이므로 내 가치를 증명해보여야만 한다
는 것을 알고 있었습니다. 그리고 만일 너무 여성스럽게
입는다면 진지한 인상을 못 줄지도 모른다는 걱정이 들
었습니다. 사실은 반들거리는 립글로스를 바르고 여성스
러운 치마를 입고 싶었지만, 그러지 않기로 했습니다. 대
신 아주 진지하고, 아주 남성적이고, 아주 보기 흉한 정장
을 입었습니다.

이 문제에서 슬픈 진실은, 외모에 관한 한 우리는 남자
를 기준으로, 표준으로 여긴다는 사실입니다. 많은 사람
들은 여자가 덜 여성스럽게 입을수록 더 진지한 대접을
받는다고 생각합니다. 남자는 회의에 참석할 때 옷을 어
떻게 입어야 남들이 자기를 진지하게 대할까 고민하지
않지만, 여자는 고민합니다.

그날 그 흉한 정장을 입지 않았더라면 좋았을 것 같습
니다. 지금처럼 있는 그대로의 나를 보여줄 확신이 그때
도 있었다면, 학생들은 내 수업에서 더 많은 것을 배웠을
것입니다. 나는 더 편안했을 테고, 더 완전하고 더 진실된
나 자신이었을 테니까요.

그후로 나는 내 여성성을 유감스럽게 여기지 않기로
결심했습니다. 나는 여성스러움을 간직한 나 자신으로서

존중받고 싶습니다. 왜냐하면 나는 그럴 만하니까요. 나는 정치와 역사를 좋아하고, 사상에 관해서 훌륭한 논쟁을 벌일 때 가장 행복합니다. 그리고 나는 여성스럽습니다. 여성스러워서 행복합니다. 나는 하이힐을 좋아하고, 립스틱을 바릅니다. 남자에게 받는 칭찬도 여자에게 받는 칭찬도 다 좋지만(솔직히 털어놓자면 스타일 좋은 여자들의 칭찬이 더 기쁘긴 합니다), 가끔은 남자들이 좋아하지 않거나 "이해하지" 못하는 옷을 입습니다. 왜냐하면 내가 그 옷을 좋아하고, 그 옷을 입으면 내 기분이 좋으니까요. "남성의 시선"이 내 삶의 선택에 영향을 미치는 바는 대체로 부수적입니다.

*

젠더는 대화하기 쉬운 주제가 아닙니다. 사람들은 이 주제를 불편하게 여기고, 심지어는 짜증스럽게 여깁니다. 남자도 여자도 젠더에 대해서 이야기하기를 꺼리며, 혹은 젠더 문제를 성급히 부정해버리려고 합니다. 현 상태를 바꾸는 것에 대해서 생각하기란 늘 불편한 일이기 때문입니다.

어떤 사람들은 묻습니다. "왜 페미니스트라는 말을 쓰죠? 그냥 인권옹호자 같은 말로 표현하면 안되나요?" 왜 안 되느냐 하면, 그것은 솔직하지 못한 일이기 때문입니다. 물론 페미니즘은 전체적인 인권의 일부입니다. 그러나 인권이라는 막연한 표현을 쓰는 것은 젠더에 얽힌 구체적이고 특수한 문제를 부정하는 꼴입니다. 지난 수백년 동안 여성들이 배제되어왔다는 사실을 모르는 척하는 꼴입니다. 젠더 문제의 표적이 여성이라는 사실을 부인하는 꼴입니다. 이 문제가 그냥 인간에 관한 문제가 아니라 콕 집어서 여성에 관한 문제라는 사실을 부인하는 꼴입니다. 세상은 지난 수백년 동안 인간을 두 집단으로 나눈 뒤 그중 한 집단을 배제하고 억압해왔습니다. 그 문제에 관한 해법을 이야기하려면, 당연히 그 사실부터 인정해야 합니다.

어떤 남자들은 페미니즘이란 개념에 위협을 느낍니다. 내 생각에 그런 반응은 남자아이들이 자라면서 받았던 교육, 즉 그들은 남자니까 "당연히" 우위를 차지해야 하며 만일 그러지 않는다면 그들의 자존감이 훼손될 거라는 가르침이 야기한 불안감 탓입니다.

*

또 어떤 남자들은 이렇게 반응합니다. "좋아요, 이건 흥미로운 문제입니다. 하지만 나는 마음에 들지 않아요. 나는 젠더를 의식조차 하지 않는다고요."

어쩌면 정말 의식하지 않을지도 모르지요.

그리고 바로 그 점이 문제의 일부입니다. 많은 남자들이 젠더에 대해서 적극적으로 생각하거나 의식하지 않는다는 점 말입니다. 많은 남자들이, 내 친구 루이스처럼, 옛날에는 상황이 나빴을지 몰라도 지금은 다 좋아졌다고 말한다는 점 말입니다. 그리고 많은 남자들이 이 상황을 바꾸기 위해서 아무 일도 하지 않는다는 점 말입니다. 만일 당신이 남자인데 식당에 갔더니 웨이터가 당신에게만 인사를 건넨다면, 웨이터에게 "왜 이 여자분에게는 인사를 안 합니까?"라고 물어볼 생각이 들까요? 이렇듯 겉보기에는 사소한 상황들에서, 남자들이 나서서 말할 필요가 있습니다.

젠더는 불편한 주제이기 때문에, 대화를 손쉽게 뚝 끝내버리는 방법이 여러가지 있습니다.

어떤 사람들은 진화생물학과 유인원을 들먹이며, 유인

바로 그 점이 문제의 일부입니다.
많은 남자들이 젠더에 대해서
적극적으로 생각하거나
의식하지 않는다는 점 말입니다.
겉보기에는 사소한 상황들에서,
남자들이 나서서 말할
필요가 있습니다.

원 암컷들도 수컷들에게 절을 한다느니 어쩐다느니 하는 이야기를 꺼냅니다. 하지만 중요한 점은 우리가 유인원이 아니라는 것이지요. 유인원은 그밖에도 나무 위에서 살고 지렁이를 먹지만 우리는 그러지 않습니다.

또 어떤 사람들은 말합니다. "이봐요, 가난한 남자들도 어렵게 살아간다고요." 그건 실제로 그렇습니다.

하지만 그 문제는 이 대화의 주제가 아닙니다. 젠더와 계급은 다른 문제입니다. 가난한 남자들은 부자의 특권은 누리지 못할지라도 남자의 특권은 여전히 누립니다. 나는 흑인 남성들과 이야기했던 경험을 통해 억압에는 여러 체제가 존재한다는 것과 억압체제들이 어떻게 작동하는지 서로 깜깜하게 모를 수도 있다는 것을 깊이 느꼈습니다. 한번은 내가 젠더에 대해서 이야기하는데 웬 남자가 묻더군요. "당신은 왜 자신을 여성으로만 봅니까? 왜 그냥 인간으로 보지 않습니까?" 이런 질문은 한 사람의 구체적인 경험들을 침묵시키는 방편입니다. 물론 나는 인간이지만, 한편으로는 여자이기 때문에 세상에서 겪게 되는 구체적인 사건들이 있습니다. 여담인데, 내게 그렇게 물었던 남자는 흑인 남성으로서 자신의 경험을 많이 이야기하는 사람입니다. (거기에 대고 나는 이렇게 반응할 수도 있겠지요. 왜 당신은 그냥 남자나 그냥 인간으로서의 경험을 말하지 않나요? 왜 하필 흑인 남성으로서의 경험을 말하나요?)

그러니, 그건 아닙니다. 이 대화는 젠더에 관한 대화입니다. 그러면 어떤 사람들은 이렇게 말합니다. 아, 하지만 여자들은 베갯머리송사라는 진짜 힘을 갖고 있잖습니까. (여자가 성적 매력을 사용해서 남자로부터 원하는 것을 얻어낸다는 뜻이지요.) 하지만 베갯머리송사는 진정한 힘이라고 할 수 없습니다. 그것을 지닌 여자는 스스로는 아무 힘이 없고, 딴 사람의 힘을 졸라서 얻어낼 방법을 알고 있는 것뿐입니다. 그리고 만일 남자가 기분이 나쁘거나 어디가 아프거나 일시적으로 발기부전이라도 걸리면 어쩌겠어요?

어떤 사람들은 여자가 남자에게 종속되는 것은 우리의 문화라고 말합니다. 하지만 문화란 끊임없이 변하는 것입니다. 내게는 열다섯살이 된 예쁜 쌍둥이 조카딸들이 있습니다. 그런데 만일 그 애들이 백년 전에 태어났다면, 태어나자마자 어딘가로 옮겨져서 살해되었을 것입니다. 백년 전만 해도 이보Igbo족의 문화에서는 쌍둥이의 탄생을 불길한 징조로 여겼기 때문입니다. 오늘날 그 관습은 모든 이보 사람들에게 상상조차 할 수 없는 일입니다.

문화의 핵심은 무엇일까요? 문화는 결국 사람들을 보존하고 영속시키기 위해서 기능합니다. 우리 집안에서 우리 가문의 사연, 선조들이 살았던 땅 그리고 가문의 전통에 관심이 제일 많은 사람은 나입니다. 남자 형제들은 나보다 관심이 적습니다. 그러나 나는 가문의 중요한 결정들이 내려지는 모임에 참석할 수 없습니다. 이보 문화는 남성 위주 문화이고, 그런 자리에는 남자만 참석할 수 있지요. 그래서 나는 그런 일에 가장 관심이 많은 사람임에도 불구하고 그 자리에 참석할 수 없습니다. 내게는 공식적인 발언권이 없습니다. 내가 여자이기 때문에.

문화가 사람을 만드는 것이 아닙니다. 사람이 문화를 만듭니다. 만일 여자도 온전한 인간이라는 사실을 인정하는 것이 정말 우리 문화에 없던 일이라면, 우리는 그것이 우리 문화가 되도록 만들어야 합니다. 그리고 우리는 그렇게 만들 수 있습니다.

*

나는 요즘도 오콜로마를 자주 떠올립니다. 그를 비롯

문화가 사람을 만드는 것이 아닙니다.
사람이 문화를 만듭니다.
만일 여자도 온전한 인간이라는
사실을 인정하는 것이
정말 우리 문화에 없던 일이라면,
우리는 그것이 우리 문화가 되도록
만들어야 합니다.

하여 쏘솔리소Sosoliso 비행기 추락 사고에서 사망한 모든 사람들이 부디 편히 잠들기를. 오콜로마는 그를 사랑했던 우리들의 마음속에서 영원히 기억될 것입니다. 그리고 오콜로마가 오래전 했던 말은 옳았습니다. 그가 그날 나를 페미니스트라고 불렀던 것은 옳았습니다. 나는 페미니스트입니다.

그리고 오래전 그날 내가 사전을 찾아보았을 때, 거기에는 이렇게 적혀 있었습니다. 페미니스트: 모든 성별이 사회적, 정치적, 경제적으로 평등하다고 믿는 사람.

내가 들은 이야기에 따르면, 우리 증조할머니는 페미니스트였습니다. 할머니는 결혼하기 싫은 남자의 집에서 달아나 자신이 선택한 남자와 결혼했습니다. 할머니는 자신이 여성이기 때문에 토지에 대한 소유권과 접근권을 박탈당한다고 느끼자 그에 대해 거부했고, 항의했고, 나서서 이의를 제기했습니다. 할머니는 페미니스트라는 단어를 몰랐습니다. 하지만 그렇다고 해서 페미니스트가 아니었던 것은 아닙니다. 좀더 많은 사람들이 이 단어를 되찾아야 합니다. 내가 아는 가장 훌륭한 페미니스트는 내 남동생 케네입니다. 케네는 다정하고, 잘생기고, 대단히 남자다운 청년입니다. 나는 페미니스트를 이렇게 정의합니다. 남자든 여자든, 맞아, 오늘날의 젠더에는 문제가 있어, 우리는 그 문제를 바로잡아야 해, 우리는 더 잘해야 해, 하고 말하는 사람이라고요. 여자든 남자든, 우리는 모두 지금보다 더 잘해야 합니다.

여성스러운
실수

THE FEMININE MISTAKE

내가 세상에 파란 마스카라라는 게 있다는 사실을 처음 안 것은 친웨 아줌마 때문이었다. 어느 토요일, 아줌마가 우리 어머니를 만나러 왔다. 반질반질 땋은 아줌마의 머리카락은 목덜미에 착 붙어 있었고, 카프탄*의 은실 자수는 반짝였으며, 속눈썹은 선명한 크레용 색깔이었다. 그 모든 것이 아줌마의 까만 살빛에 대비되어 더욱 인상적이었다.

"아줌마, 눈썹이 파래요!" 나는 말했다.

나는 열한살이었다.

"그래, 애야. 파란 마스카라란다." 아줌마는 웃으면서 대답했다. 아줌마는 늘 웃었다. 눈꼬리에 자글자글 주름이 잡히고 이빨이 새하얗게 드러나도록.

나는 우리 어머니의 친구들을 대부분 다 좋아했다. 재밌는 아주머니들, 친절한 아주머니들, 똑똑한 아주머니들, 그리고 말투가 상냥한 아저씨도 한명 있었다. 그러나 내가 이런 말을 건넬 수 있는 사람은 친웨 아줌마뿐이었다. 아줌마, 속눈썹이 파래요!

• 터키 등 지중해 동부에서 입는 기다란 상의.

아줌마에게는 무한한 너그러움과 한없는 인자함의 분위기가 감돌았다. 아줌마가 방에 들어오면 그곳은 늘 껄끄러운 일 따위는 생길 리 없는 부드러운 공간으로 탈바꿈했다. 아줌마가 아이들을 대하는 태도는 금방이라도 호화롭게 포장한 선물을 나눠주려는 어른의 태도였는데, 아이의 생일이나 크리스마스라서 주는 게 아니라 그저 아이들은 선물 받을 자격이 있기 때문에 준다는 것 같은 분위기였다.

나는 아줌마가 우리 집에 올 때마다 살짝 응접실로 들어가 한구석에 앉아서 아줌마와 어머니가 나누는 대화를 엿들었다. 아줌마는 환타를 우아하게 컵에 따라 마셨기 때문에, 나도 코카콜라를 병째로 마시지 않고 컵에 따라 마시기 시작했다. 아줌마는 그냥 보기만 해도 너무 좋았다. 아담하고 우아하게 통통한 아줌마는 살빛이 아주 새까매서, 사람들이 아줌마가 가나나 감비아, 아무튼 나이지리아가 아닌 다른 어딘가에서, 아름다운 여인들이 인디고빛 피부를 갖고 있는 어딘가에서 왔을 거라고 생각하게끔 했다. 진료실에서 아줌마는 누구보다도 부드러운 손길로 주사를 놓았다. 내가 말라리아에 걸려 아플 때면 부모님은 늘 아줌마가 사는 에누구Enugu까지 차로 한시간을 달려 찾아갔다. 주삿바늘을 들고서 나를 가만히 다독여 약을 놓을 수 있는 사람은 친웨 아줌마밖에 없다는 걸 아셨기 때문이다.

내가 열세살이 되었을 때, 부모님은 안 그래도 엄한 학교보다 더 엄한 다른 학교로 나를 전학시킬까 하는 생각을 잠시 했다. 입학시험은 에누구에서만 치를 수 있었다. 우리가 살던 대학 도시 은수카는 그 지역 시험장이 되기에는 너무 작았다. 어머니는 나를 데리고 친웨 아줌마 집으로 가서, 근사한 계단과 널찍한 방들이 있는 그 큰 집에 머무르게 했다.

나보다 어린 아줌마의 세 아이는 단추를 누르면 막 움직이고 윙윙 소리가 나는 장난감을 가지고 이리저리 뛰어다니면서 놀았다. 아줌마의 시어머니는 베란다에 진을 치고 앉은 채로 친웨 아줌마나 고용인들에게 이것저것 명령을 내렸다. 아줌마의 남편인 에메카 아저씨는 잘생기고 사교적이고 농담을 좋아하고 스테레오로 시끄러운 펑크 음악을 틀어대는 남자였다. 그들은 여느 평범한 가족이었겠지만, 친웨 아줌마 때문에 내 눈에는 어딘지 매력적인 것처럼 보였다. 우리 어머니의 또다른 친구인 응고지 아줌마는 언젠가 이렇게 말했다. "친웨는 내가 아는 여자들 중에서 시집 식구랑 정말로 잘 지내는 유일한 사람이야. 게다가 그 집 시어머니는 마귀할멈이지."

그 집에는 늘 손님이 있었다. 에메카 아저씨는 자기를 포함해 모든 사람들을 놀리면서 쉴 새 없이 농담을 던졌다. 아저씨가 미국에 갔을 때 자판기 사용법을 몰라서 창피했다던 이야기도 있고, 누군가 비행기에서 큰 소리로 방귀를 뀌고는 모른 척했다는 이야기도 있었다. "좀더 마시자고!" 에메카 아저씨는 자주 말했다. 아저씨는 남들이 고마워하는 것을 즐기는 사람 같았다.

나는 친웨 아줌마와 함께 시간을 보냈다. 아줌마가 발에 난 상처가 좀처럼 낫지 않아 고생하는 당뇨 환자에게 왕진을 갈 때는 나도 따라갔다. 그 환자의 집에서 나오면서, 나는 아줌마에게 "사실은 대학에서 의학을 공부하고 싶지 않아요"라고 말했다. 나는 학교 성적이 좋았기 때문에, 선생님들과 부모님은 내가 의사가 될 거라고 기대하고 있었다. 나는 생물이 너무 지루하다는 사실을, 내가 원하는 것은 오로지 읽고 쓰는 것뿐이라는 사실을 이전까지 아무에게도 말하지 않았다.

친웨 아줌마는 사려 깊고 친절했다. "지금 결정할 필요는 없어. 최소한 5학년이 될 때까지는 기다려도 돼. 꼭 의학을 공부할 필요는 없지만 네가 스스로 밥을 벌 수 있는 일이어야 한단다."

아줌마의 말에 나는 기분이 한결 가벼워졌다. 나는 공책으로도 쓰던 유선 노트에 적어 둔 짧은 이야기를 아줌마에게 보여드렸다.

"네가 쓴 이야기들을 전부 잘 모아두렴. 넌 언젠가 큰 사람이 될 거야." 아줌마는 말했다.

내가 떠나기 전날 저녁, 그 집에 와 있던 손님 중 한명이 회사가 젊은 일꾼을 바라는 걸 알고서 면접에서 나이를 속였다가 이제 그 증거가 될 가짜 출생증명서를 구하느라 허둥지둥하고 있다는 웬 남자 이야기를 들려주었다.

에메카 아저씨가 툭 내뱉었다. "친웨가 나랑 처음 만났을 때 처녀였다고 거짓말했던 것하고 똑같네!"

그러고는 껄껄 웃음을 터뜨렸다. 그것은 거북하고 부적절한 농담이었다. 손님은 불편한 기색으로 쿡쿡 웃었다. 친웨 아줌마는 싱긋 웃고는 화제를 딴 데로 돌렸지만, 나는 그전에 아줌마가 아주 잠깐 턱을 앙다무는 것을 똑똑히 보았다. 아줌마는 아무 말도 하지 않을 것이었다. 말하고 싶지 않아서가 아니라 말하면 안 된다고 생각했기 때문이다. 손님은 좀더 거북해질 수도 있는 상황을 면하게 되어 아줌마에게 고마워하는 눈치였다.

그 순간 나는 친웨 아줌마의 성격에 모난 데가 전혀 없는 비결을 알아차렸다. 아줌마는 그것들을 몽땅 뭉개고 있었다. 아줌마는 무한한 아량의 바다였다.

나는 열다섯살이 되었고, 세상에 대해 많은 질문을 던지고 있었다. 어느날 친웨 아줌마가 에메카 아저씨의 깜짝 생일 파티를 의논하기 위해서 우리 어머니를 찾아왔다. 아줌마는 양동이처럼 생긴 가죽 가방에서 케이크를 그린 스케치들, 손으로 적은 목록들, 한줌의 사진들을 꺼냈다. 아줌마는 그것을 어머니에게 건네면서 에메카 아저씨의 사진 중 어느 것을 파티에서 나눠줄 선물에 인쇄하면 좋겠는지 물었다. 아줌마는 머그잔과 병따개를 만들 거라고 했다. 어머니는 사진 중 한장을 한참 들여다보았고, 나도 더 가까이 다가가서 들여다보았다. 풍선이 잔뜩 장식된 결혼식장에서 최근에 찍은 사진이었는데, 친웨 아줌마는 빨간 블라우스랑 래퍼*를 입고 있었고 에메

* 블라우스, 머리에 두르는 스카프와 함께 입는, 큰 천을 두른 듯한 모양의 치마.

그 순간 나는
친웨 아줌마의 성격에
모난 데가 전혀 없는
비결을 알아차렸다.
아줌마는 그것들을
몽땅 뭉개고 있었다.
아줌마는 무한한 아량의 바다였다.

카 아저씨는 빨간 넥타이에 각지게 보이도록 재단한 검은 양복을 입고 있었다.

"이 사진, 바깥양반이 아주 잘 나왔네." 어머니가 말했다. "자기를 오려내고 이 사진을 쓰면 되겠다."

친웨 아줌마는 사진을 들여다보고 말했다. "이날 그이는 면도를 안 했어."

어째서 오랜 시간이 흐른 지금까지 그 말이 또렷하게 기억나는지 모르겠다. 이날 그이는 면도를 안 했어. 애정과 자랑스러움이 담긴 그 말투는 꼭 사진에서 아줌마에게는 소중하지만 남들과는 공유하지 않을 어떤 기억이 떠올랐다는 것 같았다. 오직 아줌마에게만 속하는 무언가에 대해서 말하는 듯한 분위기였다.

"손님이 삼백 명이라니, 만만한 일이 아니야!" 어머니가 말했다. 어머니의 말에는 칭찬이 함축되어 있었다. 친웨 아줌마가 얼마나 헌신적인 아내인지, 아줌마가 자기 돈으로 파티를 열다니 얼마나 대단한지, 애초에 그럴 돈을 갖고 있다니 얼마나 훌륭한지.

친웨 아줌마는 칭찬에 익숙한 사람 특유의 자연스러움으로 어머니의 감탄을 받아넘겼다. "누구를 초대하고 누구를 빼지?" 아줌마는 이보어語로 이렇게 말한 뒤에 영어로 덧붙였다. "모두를 다 불러야 해."

우리 부모님은 두분 다 대학에서 일한 지 오래된 분들로 중산층의 안락한 생활에 익숙한 사람들이었다. 부모님은 차가 두대 있었고 집도 있었고 친척들의 학비도 대주었지만, 둘 중 한명이 상대는 모르게 삼백명을 초대하는 파티를 계획할 수는 없었다. 그런 일은 두분이 돈을 모아야만 가능했기 때문이다. 비디오게임이 아직 신기한 물건이었던 시절에 남동생이 부모님에게 팩맨 비디오게임을 사달라고 졸랐던 적이 있었는데, 동생은 그게 예사로운 일인 양 보이게 하려고 자기 반 친구도 갖고 있다고 말했다. 어머니는 대꾸했다. "그 사람들한테는 가욋돈이 있기 때문이야." 어머니의 말은 얌yam을 치대는 기계를 발명한 교수나 캐슈cashew로 와인 만드는 방법을 발명한 교수처럼 사업에 손댄 학자들을 가리킨 것이었다. 우리는 그런 가욋돈이 없었다. 친웨 아줌마는 가욋돈이 있었다. 아줌마의 아버지는 오래된 이보족 부잣집 출신이었고, 그 집안은 백년 전부터 영국인들과 팜유를 거래했으며, 나이지리아 동부 여기저기에 부동산을 갖고 있었다. 친웨 아줌마가 자란 도시인 에누구에는 아줌마의 아버지 이름을 딴 거리도 있었다. 아줌마는 지금처럼 개인 병원을 열어 가정의로 일하지 않더라도 가욋돈이 있을 것이었다. 내 눈에 그 사실은 아줌마의 삶에 화려한 기품을 둘러주는 것 같았다. 아줌마의 돈은 선택을 의미했다. 아줌마가 원한다면 언제든 깜짝 파티를 계획할 수 있다는 선택을 의미했다.

어머니와 나는 파티 전날 준비를 도우러 친웨 아줌마네 집으로 갔다. 진짜 요리는 출장 요리사들에게 맡겼기 때문에, 우리는 부엌에 둘러앉아 친친*이나 만들었다. 내가 반죽을 납작하게 밀면 어머니가 작은 정사각형 모양으로 세심하게 잘랐고, 그러면 친웨 아줌마가 그것을 튀겨서 온 방을 맛있는 냄새로 채웠다. 에메카 아저씨에게는 다음 날 있을 친척의 출산 축하 파티에 가져갈 음식이라고 말해두었다.

나는 뻑뻑한 밀가루 반죽을 앞에 둔 채 나지막한 부엌 의자에 걸터앉아 있었는데, 친웨 아줌마가 말했다. "얘야, 여자답게 앉으렴."

우리는 늘 이보어와 영어를 섞어서 썼다. 아줌마는 이

---

* 밀가루에 향신료를 넣어 도넛처럼 튀긴 간식.

말을 이보어로 했다. 은와니nwanyi라는 말은 "소녀"와 "여자"를 둘 다 뜻한다.

아줌마의 부드러운 목소리는 내가 다른 사람들은 알 필요가 없는 무언가 창피한 짓을 저지르고 있다는 느낌을 안겼다. 내가 어릴 때, 어머니는 제대로 앉는 법을 가르쳐주었다. "다리를 오므려라." 어머니의 표현이었다. 허벅지를 꽉 붙이라는 것이었다. 한번은 내가 왜냐고 물었더니 어머니는 "너는 여자애고 여자애는 치마를 입으니까 다리를 붙여서 속이 들여다보이지 않게 해야 해"라고 대답했다. 내가 이 이유를 대수롭지 않게 여긴다는 사실을 눈치 채셨던지, 어머니는 예전에 어떤 여자애가 다리를 벌리고 앉았다가 개미가 속에 기어들어 그 아래를 물었다는 말을 덧붙였다.

그날 나는 바지를 입고 있었고, 등받이 없는 의자에서 가장 편하게 앉는 방법은 다리를 오므리지 않고 앉는 것이었다.

"아줌마, 저 바지 입었어요." 나는 말했다.

친웨 아줌마는 깜짝 놀란 듯했다. "어쨌든 제대로 앉아라, 얘야. 늘 여자답게 앉아야 한다."

그제서야 나는 제대로 앉는다는 것이 내가 수행해야

할 일종의 의식임을 깨달았다. 그것은 여성의 미덕과 여성의 수치에 관한 의식이었다. 따져 묻지 않고 제대로 수행하면 주류사회로부터 인정받도록 해주는 많은 의식 중하나였다. 여자답게 앉으라는 것은 더 큰 의식의 작은 예시일 뿐이었다. 여자답게 늘 조용하고 온화해야 한다. 큰소리 내지 말고, 화내지 말고, 터프하게 굴지 말고, 지나친 야심을 품지 말아라.

나는 그런 의식들을 수행하고 싶지 않았다. 내가 편한 자세로 앉고 싶었다. 나중에 나는 친웨 아줌마의 온 인생이 그런 여성성의 의식들을 수행하는 것으로 이루어졌다는 생각이 들었다. 아줌마는 세상의 인정을 받았고, 그것을 제일 좋아하는 아리따운 드레스처럼 걸치고 있었다.

흰 티슈로 만든 섬세한 장미들은 나뭇가지에 엮어서 문간에 둘렀다. 흰 식탁보로 탁자들을 덮었다. 흰 장미들을 길쭉한 꽃병에 꽂았다. 지나치지 않을 정도로만 세련되고 흠잡을 데 없는 분위기였다.

"친웨 디 에구."(Chinwe di egwu.) 어머니가 말했다.

이보어로 "디 에구"라는 표현은 뜻이 미묘하고 상황에 따라 바뀌기 때문에 번역이 어렵다. 그것은 특출하다, 특이하다, 놀랍다, 등등을 뜻한다. 어머니는 이 표현을 감탄스러운 사람에게도 썼고 희한해 보이는 사람에게도 썼다.

복숭아색 드레스를 입은 친웨 아줌마는 아름다웠다. 아줌마는 웃으면서 말했다. "에메카가 내내 눈치 채고 있었던 것 같아!" 아줌마의 목에는 산호 목걸이가 감겨 있었다. 개막일의 배우처럼 에너지가 넘치는 아줌마는 곧 자신이 관객들에게 보여줄 자신의 일면을 그들이 믿게끔 만들고 싶어서 흥분되고 초조한 듯했다.

나는 에메카 아저씨에게 우리가 쓴 초대형 생일 카드를 건넸고, 아저씨는 나를 안아주며 말했다. "어쩌면 이렇게 빨리 자라니! 금세 구혼자들이 줄을 서겠구나. 하지만 다들 내 허락부터 맡아야 할 거다!"

아저씨는 케이크를 자르기 전에 사람들에게 한마디 했다. 아저씨는 친웨 아줌마를 자신의 여왕이라고 불렀다. 아줌마는 완벽하고, 그를 위해서 많은 것을 희생하고, 그가 매일 무엇을 먹고 싶어하는지를 정확하게 알고, 그에게 사업상의 조언을 주고, 그의 옷을 모두 사다주고, 그가 가진 물건들이 어디에 있는지 죄다 알고, 그에게 어여쁜 세 아이를 낳아주었으며, 이 집에서 벌어지는 모든 일을 결정한다고 했다. 그래서 자신은 행복하다고 했다.

손님들은 환호하며 박수 쳤다. 사방에서 칭찬이 날아들었다. 친웨 아줌마는 칭찬으로 몸을 감쌌고, 칭찬에 푹 젖었다. 아줌마는 환하게 웃고 있었다.

"완벽한 아내야." 우리 어머니의 친구 한분이 말했다.

그러나 나는 친웨 아줌마의 완벽함이 그녀가 남편에게 해주는 일로만 이야기될 뿐 그녀가 지닌 개성으로 이야기되지 않는다는 점이 마음에 걸렸다. 그녀의 지성, 그녀의 유머, 그녀가 주사를 얼마나 잘 놓는지는 이야기되지 않았다. 나중에 나는 친웨 아줌마가 태어날 때부터 성공회 신자였지만 에메카 아저씨와 결혼할 때 가톨릭으로 개종했다는 사실을 알게 되었다. 아줌마는 아저씨가 원하는 사람이 되기 위해서 자신을 바꾸었던 것이다.

그날 밤 파티에서 심상치 않은 일이 벌어졌다. 기네스 스타우트를 너무 많이 마신 여자 손님 하나가 친웨 아줌마를 붙잡고 뭔가 이야기하기 시작했다. 에메카 아저씨에 관한 이야기였다. 아저씨가 이모Imo 주 출신의 아가씨와 사귀어 두살짜리 아들을 두고 있다는 이야기였다. 친웨 아줌마는 손님방에서 나지막이 울었고, 우리 어머니가 아줌마를 보듬어주었다. 아줌마는 망연자실 넋이 나간 사람처럼 보였다. 아줌마는 아주 낮은 목소리로 어머니에게 말했다. "난 그이한테 소리 지르지 않았어."

나중에 나는 어머니와 웅고지 아줌마가 친웨 아줌마에 대해 이야기하는 것을 엿들었다. 두 사람은 아줌마가 잘 대처했다고 입을 모았다. 그러는 것이 최선이었다. 공연히 싸워서 소란만 더 피울 필요가 뭐가 있는가?

친웨 아줌마는 이상적이었고, 이상이었다. 어머니와 내가 아는 다른 여자들은 비록 아줌마와 비슷하지는 않을지라도 아줌마를 이상화했다. 그들은 아줌마가 대표하는 것을 받아들였을 뿐 아니라 그것을 열망했다. 친웨 아줌마의 경험이 당시 내가 묻게 된 질문들을 불러온 것은 아니었다. 하지만 분명 그 질문들에 영향을 미쳤다. 아줌마의 삶이 내 상념들을 일깨웠다.

왜 아줌마는 단정하게 반응해야만 존경받을 수 있었을까? 왜 아줌마는 모욕에 직면하여 세상에 대고 분노를 표출하지 않았을까? 만일 그랬다면, 왜 그 반응은 존경받을 만하지 않단 말인가? 내게는 그 편이 좀더 인간적이고 솔직한 것 같았다. 아줌마는 사랑하는 남자에게 아무것도 요구하지 않았으며, 사람들은 그것을 칭찬할 만한 일로 여겼다. 그야 물론 사랑은 베푸는 것이지만, 받는 것이기도 하다. 왜 아줌마는 받지 않았을까? 왜 아줌마는 받을

왜 아줌마는 단정하게 반응해야만
존경받을 수 있었을까?
왜 아줌마는 모욕에 직면하여
세상에 대고 분노를 표출하지 않았을까?
왜 아줌마의 완벽함은
아무것도 받지 않는 것에
달려 있었을까?

엄두를 못 냈을까? 왜 아줌마의 완벽함은 아무것도 받지 않는 것에 달려 있었을까?

파티 직후, 친웨 아줌마는 이름을 바꾸었다. 의사 친웨 은워예(부인)에서 의사 친웨 에메카-은워예(부인)로. 1990년대 나이지리아에서는 갓 결혼한 중상층 여성들이 거추장스럽게시리 남편의 이름과 성을 하이픈으로 연결한 것을 자기 성으로 쓰는 게 유행이었다. 그러나 친웨 아줌마에게는 이상한 선택이었다. 아줌마는 신혼이 아니었고, 아줌마의 세대에는 그렇게 하는 사람이 없었다. 모욕에 대한 아줌마의 반응은 자신을 더욱더 지워버리는 것, 자신과 에메카 아저씨가 구별되지 않을 정도로 자신을 더욱더 아저씨 속에 묻어버리는 것인 듯했다. 아니면 세상 사람들에게 비록 그가 다른 여자와 아이를 갖기는 했어도 여전히 그의 아내는 자신이며 중요한 것은 그의 아내인 것이라고 말하는 듯했다.

그때부터 친웨 아줌마에 대한 내 감정은 굳어지기 시작했다. 한때 그토록 감탄스러웠던 속성들이 이제 진저리나게 느껴졌다. 그녀의 천사 같은 착함은 세상이 자신의 일부를 숨기는 여성들에게 내주는 얄팍한 보상에 중독된 것뿐이었다. 무엇보다도 나는 그녀가 겪은 일을 보면서 겁이 났고, 혼란스러웠다. 나로서는 그녀를 잘 설명할 수 없었기 때문이다.

　나는 열다섯살이었고, 순진했으며, 젊음 특유의 타협을 모르는 확실성으로 가득 차 있었다. 나중에 나는 아줌마를 다시 존경하게 되었고, 인생의 굽이마다 아줌마의 지혜를 구하게 되었다. 친웨 아줌마가 문제가 아니라 우리 사회가 문제라는 것을 깨닫게 되었다. 여자들이 자신을 움츠리는 것은 개개인의 문제가 아니라 세상에 작용하는 힘 때문이었다. 친웨 아줌마는 부유함도 여자를 그런 힘으로부터 막아주진 못한다는 사실을 내게 일깨워주었다. 교육도 아름다움도 그 힘을 막아주지 못한다는 것을. 아줌마의 영향 덕분에 나는 자랑스럽고 복잡한 내 여성성을 원래 모습 그대로 살아내겠다고 결심하게 되었다. "너는 여자니까"라는 말은 무엇에 대해서든 유효한 이유가 아니라고 거부하겠다고. 나의 가장 진실되고 가장 인간적인 자아로 살고자 애쓰겠다고. 하지만 세상의 인정을 구하기 위해서 나 자신을 억지로 변형시키는 일은 절대로 하지 않겠다고.

INTERVIEW: STORYTELLER

   나이지리아 작가 치마만다 응고지 아디치에가 올해
(2014년) 인상적인 한해를 보냈다고 말하는 것은 너무 부
족한 표현일 것이다. 어디서부터 말할까? 세 대륙을 오
가는 러브스토리인 세번째 소설 『아메리카나』로 미국도
서비평가협회상을 받은 것부터 말하는 게 좋겠다. 한편
1967~70년 나이지리아-비아프라 전쟁을 배경으로 한
두번째 소설 『태양은 노랗게 타오른다』는 영화로 만들어
져, 올여름 초 미국에서도 개봉될 예정이다. 그리고 아디
치에는 두번째 테드 강연을 했는데, "우리는 모두 페미니
스트가 되어야 합니다"라는 제목의 강연은 유튜브에서
90만회(현재는 약 250만)에 가까운 조회수를 올렸을 뿐 아
니라 비욘세Beyoncé의 노래 「***흠 없는」***Flawless에도
삽입되었다. 다시 처음으로 돌아가면, 『아메리카나』도 영
화 판권 옵션 계약이 이뤄졌다.
   "아메리카나", 해외로 나가 미국에서 살다가 고향으로

돌아온 나이지리아 사람을 뜻하는 이 말은 아디치에의 현재 상황에 딱 맞는다. 요즘 그녀는 나이지리아에서 글쓰기를 가르치고 미국 볼티모어에서 남편과 함께 지내면서 두 나라를 오간다.

1977년생인 아디치에는 나이지리아의 대학 도시 은수카의 이보족 교육자 집안에서 자랐고, 어려서부터 글쓰기에 애정을 키웠다. 19세에 학업을 계속하기 위해서 미국으로 왔고, 2003년에 첫 소설 『보랏빛 히비스커스』를 출간하여 평단의 호평을 받았다.

『미즈』*Ms.*는 2006년부터 아디치에의 작가 행보를 열심히 쫓으며, 기존에 발표되었던 단편 두편을 지면에 다시 싣기도 했다. 이제 아디치에는 우리 시대에 가장 두각을 드러내는 작가 중 한명일 뿐 아니라 페미니스트 롤모델로서, 테드 강연에서 했던 다음과 같은 말로 소녀들부터 세계 최고의 팝스타까지 영향을 미치고 있다.

"우리는 여자아이들에게 자신을 움츠리라고, 자신을 위축시키라고 가르칩니다. 우리는 여자아이들에게 이렇게 말합니다. '야망을 품는 것은 괜찮지만 너무 크게 품으면 안 돼. 성공을 목표로 삼아도 괜찮지만 너무 성공해서는 안 돼.' (…) 페미니스트: 모든 성별이 사회적, 정치적, 경제적으로 평등하다고 믿는 사람."

학자이자 작가인 자넬 홉슨Janell Hobson이 아디치에를 만났다. 두 사람은 페미니즘에 대해서, 그녀의 소설에 대해서, 영화화에 대해서, 종교적 극단주의에 대해서, 흑인의 경험을 더욱 복잡한 것으로 묘사하는 것에 대해서, 인터넷 문화에 대해서, 그리고 글쓰기로 다리를 놓는 것에 대해서 이야기했다.

미즈 스스로 페미니스트 작가라고 생각합니까?

치마만다 응고지 아디치에(이하 아디치에) 나는 스스로 이야기꾼이라고 생각합니다. 하지만 누가 나를 페미니스트 작가라고 여기더라도 전혀 괘념하지 않습니다. 가끔은 이런저런 딱지를 거부하고 싶은 마음이 드는데, 그건 그런 딱지가 나를 좁게 규정할 수 있기 때문이지요. 그러나 나는 세상을 바라보는 방식에 있어서 확실한 페미니스트이고, 그 세계관은 어떻게든 내 글의 일부가 될 수밖에 없습니다.

미즈 미국과 나이지리아 양쪽에서 사는 사람으로서, 두 나라 여성들이 직면한 가장 큰 과제는 무엇이라고 생각하나요?

아디치에 정치적인 면을 말하자면, 미국 여성들에게 가장 큰 과제는 생식권인 것 같습니다. 반면에 나이지리아에서는 주로 문화적 문제입니다. 여성들이 요직에 오르기는 하지만, 문화적 태도의 문제가 너무 많습니다. 예를 들어 여자아이들에게 결혼과 육아가 가장 중요하다고 가르치는 일이라거나, 젊은 여성들과 여자아이들에게 소극적인 자세를 취하라고 가르친다거나 하는. 그래야만 남자들이 좋게 본다고 믿기 때문이지요. 계발되지 않은 잠재력과 재능이 너무나 많은데, 이런 태도들 때문에 다 놓치고 있지요.

미즈 미국 여성들도 똑같은 문제를 겪고 있다고 말할 수 있을 것 같은데요.

아디치에 그럴 수도 있겠지만, 나이지리아에서는 그동안 이런 주제에 관한 이야기가 거의 나오질 않았습니다. 기껏 여성의 권리를 말하더라도, 가령 웬 남자가 "의회에서 여성의 몫으로 의석을 다섯 개 떼어두겠습니다" 하는 식으로 한심한 소리나 할 뿐이죠. 한편 미국의 상황은 좀더 음험합니다. 미국은 모든 게 다 괜찮다는 믿음이 존재하기 때문입니다. 미국 문화가 스스로 그렇게 말하는데, 예를 들면 "그야 우리에게도 문제가 있지만 아프리카는 훨씬 더 심하다고요" 하고 말하는 식이죠. 그건 틀린 말입니다. 많은 서양 여성들이 여전히 인생에서 궁극적으로 가장 중요한 목표는 양육과 결혼이라고 믿고 있고, 미국의 페미니스트 여성들조차 관계에 만족하지 않는데도 불구하고 결혼으로 정착하려는 경우를 보았습니다.

미즈   그게 바로 『아메리카나』의 주인공 이페멜루에게서 흥미로운 점이었습니다. 이페멜루는 남자들과 연애를 합니다. 백인하고도 하고 흑인하고도 사귀지만, 관계에 만족하지 않을 때는 정착하지 않지요.

아디치에   네. 세상의 모든 문화들은 여자들에게 정착하라고 가르치고, 고마워하라고 가르칩니다. 역할을 바꿔서 이페멜루가 남자라고 상상해보면, 이페멜루의 행동은 별달리 특이한 것으로 여겨지지 않을 겁니다. 남자들에게는 세상이 그런 행동을 얼마든지 허락하니까요.

미즈   『아메리카나』에서 건드린 또다른 주제는 종교입니다. 특히 새로 생긴 교회에 갈 때마다 "기독교에서 기독교로 거듭 개종"하는 이페멜루의 어머니가 떠올라서 하는 말입니다. 거의 패러디에 가까운 그 인물로 전달하려고 했던 말이 있습니까? 종교에 대해서 하고 싶은 발언이 있나요?

아디치에   나는 요즘 나이지리아를 휩쓰는 오순절주의를 그다지 긍정적으로 보지 않습니다. 나는 가톨릭 집안에서 자랐는데, 내가 어렸을 때는 대부분의 나이지리아인들이 온화하고 중도적인 기독교인이었지요. 영국성공회 교회에 나가거나 가톨릭 성당에 나가거나 둘 중 하나였지요. 요즘은 어디에나 극단주의가 만연해 삶의 모든 측면에 침투하고 있습니다. 그리고 극단주의에는 미신이 어느정도 뒤따르기 때문에, 그들과는 진지하게 이야기를 나눌 수가 없습니다. 그것이 사람들의 정신을 둔하게 만들고 있는 것 같아요. 게다가 이 오순절주의는 몹시 자기 중심적이고, 물질적 풍요에 집중합니다. 이 새로운 종교를 믿는 사람은 세상 무엇에 대해서도 의문을 품는 게 허락되지 않습니다. 더구나 이 종교는 전통지식에 적대적입니다. 우리 고향에서는 오순절파 신자들이 이보 전통 신앙의 사당을 망가뜨리고 불태웠는데, 누군가 그들에게 그런 사당이 악마를 뜻한다고 말했기 때문입니다. 그들은 우리의 전통 지식을 파괴하고 있어요. 그들이 파괴한 지식, 우리가 기독교 이전에 어떤 사람들이었나 하는 지식은 우리가 되찾을 수 없는 것입니다.

미즈 올해 초, 나이지리아에서 통과된 반동성애자 법에 항의하는 기고문을 썼지요. 그런 법적 행동도 종교적 극단주의에서 파생된 것일까요?

아디치에 단연코 그렇습니다. 그 법은 대단히 부당한 것이기에, 나는 엄청나게 화가 났습니다. 그러나 나는 나이지리아 사람들에게 일말의 믿음도 품고 있습니다. 동성애에 관한 모든 이야기는 철저히 종교에 둘러싸여 있기 때문에, 그리고 나이지리아에서 종교는 너무나 강한 세력이기 때문에, 나는 나이지리아 사람들에게 우리가 동성애 문제에 관해서 누군가를 공격하지 않고서도 충분히 성경이나 꾸란의 가르침에 따라 살 수 있다고 주장하고 싶었습니다. 나이지리아 젊은이들 중에는 동성애를 범죄로 여기지 않는 사람들도 있으니까, 태도는 변할 수 있습니다. 아프리카 출신 동성애자들과 트랜스젠더들이 피난처를 찾아 미국으로 건너오는 현상에 대해서 미국 언론이 보도하기도 했지요. 그건 잘된 일입니다. 하지만 그런 보도 때문에 이런 점에서 미국은 완벽하다는 생각이 형성될까봐 우려스럽기도 합니다. 실제로는 그렇지 않습니다. 더군다나 일부 미국인 전도사들이 아프리카의 우간다나 말라위 같은 지역으로 동성애 혐오를 수출하고 있는 상황이니까요.

미즈 미국이 "피난처"라는 서사는 흥미로운 방식으로 작동하는 듯합니다. 특히 누가 어떤 목적으로 이주하느냐하는 대목에서 말입니다.『아메리카나』에 나오는 이주 사례들은 인상 깊었습니다. 주인공들은 모두 다른 나라로 이주합니다. 이페멜루는 미국으로, 오빈제는 런던으로. 디지털 통신이 그들의 일상에 영향을 미치는 모습도 흥미로웠습니다. 이런 이야기가 다른 시대에도 가능했을까요?

아디치에 　가령 1960년대에도 이런 이야기를 할 수 있었을 거라고 생각합니다만, 그랬다면 다른 종류의 이야기가 되었겠지요. 1960년대는 나이지리아가 아프리카 대륙의 다른 나라들과 더불어 갓 독립국이 된 시점이었고, 많은 사람들이 교육을 받기 위해서 유럽으로 나갔습니다. 미국으로 간 사람들도 좀 있었고요. 그런 흐름은 1980년대에 둔화되었다가, 군사정부들이 더 많이 집권하면서 1990년대 들어 다시 속도가 빨라졌습니다.『아메리카나』를 2000년대의 이야기로 만드는 것은 기술이라고 생각합니다. 기술은 큰 차이를 낳습니다. 내 인물들은 이메일을 쓰는데, 그건 그들의 일상의 결을 크게 바꿔놓는 요소입니다. 내 아버지는 1963년에 박사학위를 따려고 미국으로 갔는데, 당시에는 가족에게 우편으로 편지를 보냈습니다. 반면에 내가 1998년에 미국으로 왔을 때는 고향에 이메일을 보낼 수 있었지요. 둘은 서로 다른 경험입니다. 이메일에는 즉각성이 있습니다. 하지만 나이지리아 사람들이 고국을 떠나는 이야기 자체는 아주 오래된 서사라고 생각합니다.

미즈 『아메리카나』는 이따금 풍자를 활용합니다. 특히 이페멜루를 통해서요. 이페멜루는 미국의 인종문제에 관한 블로그를 열고, 머리카락부터 인종간 연애, 오바마의 당선까지 온갖 소재로 글을 씁니다. 그 대목에서 인종 정치에 대해, 인터넷 문화에 대해 어떤 발언을 하고 싶었나요?

아디치에 블로그라는 형식은 어딘가 흥미로운 데가 있습니다. 블로그만이 가질 수 있는 시의성이 존재하는데, 나는 그게 아주 좋습니다. 그러나 동시에 블로그는 무분별한 글쓰기가 되기 쉬워서, 블로그에서는 엄밀하게 뒷받침되지 않은 개념을 자주 접할 수 있습니다. 그래서 나는 소설 속에서 인종에 대한 글을 쓰면서 동시에 그것을 약간 비웃을 수도 있는 방법으로서 블로그를 도입하고 싶었습니다. 인종은 여전히 아주 중요한 주제이지만, 이페멜루가 그 문제에 대해서 글을 쓸 때 가령 신문 칼럼을 쓰는 경우라면 가능하지 않았을 방식으로 쓰도록 만들고 싶었습니다. 블로그는 우리가 현대의 삶을 살아가는 방식에 대해서 뭔가 말해주는 바가 있습니다.

미즈   영화 「노예 12년」으로 2014년 아카데미 여우조연상을 받은 루피타 뇽오Lupita Nyong'o가 『아메리카나』의 영화화에 흥미를 보인다는 기사를 읽었습니다.

아디치에   맞아요. 사랑스러운 루피타 뇽오와 옵션 계약이 이뤄졌지요. 무엇보다 그녀가 이렇게 유명해지기 전에 이미 『아메리카나』를 읽고 마음에 들어했다는 사실이 아주 기쁩니다.

미즈   루피타는 이페멜루를 멋지게 연기할 거예요!

아디치에   그럴 거라고 생각합니다. 꼭 성사되면 좋겠어요.

미즈   영화에 대해서 좀더 말하자면, 영화화된 「태양은 노랗게 타오른다」는 어땠나요?

아디치에   아주 감동받았습니다. 영화는 원작에 충실하고, 연기도 훌륭합니다. 더구나 나이지리아에서 촬영된 점이 정말로 좋았습니다.

미즈 주역인 올란나에 탠디 뉴턴Thandie Newton이 캐스팅된 일을 두고 논란이 있었는데요.

아디치에 대부분의 논란은 탠디 뉴턴이 나이지리아인처럼 생기지 않았다는 데서 비롯한 것 같은데, 그건 한심한 소리입니다. 나는 책에서 올란나를 피부색이 옅은 사람으로 그려두었습니다. 예전에 라고스에서는 피부색이 옅으면 이보족으로 여겨져 위험하던 시절이 있었어요. 그런데 우리 집만 보더라도 내 남동생은 미국 사람들한테서 히스패닉계가 아니냐는 소리를 듣고, 우리 언니 중 한 명은 살갗이 새까매서 남부 수단인으로 오해받곤 하지요. 한 가족 안에서 말이에요. 그러니까 나이지리아인은 어떤 식으로 생겨야 한다는 생각은 말이 안 됩니다. 나이지리아에서 배우를 캐스팅하지 않은 것에 대한 지적도 있었다는 걸 아는데, 그 점에 대해서는 공감합니다. 하지만 이건 영화이고, 뉴턴은 어쨌든 흑인입니다. 이 영화를 시작으로 여기고 응원하면 좋지 않을까요? 그리고 탠디 뉴턴의 연기는 정말로 좋았습니다. 그게 비판자들을 침묵시키는 최선의 방법이지요.

미즈　국적에 대한 논란은 「노예 12년」에서 아프리카계 미국인 인물들을 아프리카 배우들이 연기했을 때도 불거졌지요. 그러나 케이트 블란쳇Cate Blanchett 같은 호주 배우가 미국 여성을 연기할 때는 이런 논란이 제기되지 않습니다. 이런 논란은 오직 흑인 배우들에 대해서만 나옵니다.

아디치에　바로 그거예요! 만일 사람들이 "루피타는 케냐 사람이니까 아프리카계 미국인을 연기하면 안 돼"라고 말한다면, 나는 이런 생각이 들 거예요. 그녀가 연기한 노예 여성은 아마도 루피타랑 똑같이 생겼을 거라고요. 물론 이런 것은 정치적인 대화이고, 연기나 예술에 관한 대화가 아닙니다. 그렇지만 어떤 사람들에게는 탠디 뉴턴이 혼혈이고 피부색이 옅다는 사실이 정말로 문제로 느껴졌던 모양입니다. 나는 또 흑인 여성들이 주류의 배역, 화려한 배역을 좀더 많이 맡아야 한다고 느낍니다. 물론 그렇다고 해서 잘못된 것을 바로잡기 위해서 이제 탠디 같은 여성들은 사라져야 한다는 말은 결코 아닙니다.

미즈　이런 논란은 『아메리카나』에 대해서도 당연히 벌어졌습니다. 이 소설이 흑인들의 경험을 이해하도록 돕고 그것을 더욱 복잡한 것으로 만드는 다리가 될 수 있다고 생각합니까? 아직도 흑인들의 경험이라고 하면 주로 아프리카계 미국인의 경험으로만 그려지니까 말입니다.

아디치에   나는 내가 아는 것을 씁니다. 그렇지만 모종의 공통성을 만들어낸다는 개념은 마음에 듭니다. 아프리카계 미국인 문화가 노예선船에서 시작되었다고는 생각하지 않습니다. 아프리카계 사람들은 모두 역사와 경험 면에서 공통성이 있지만, 흑인이 된다는 것에도 여러 방식이 있습니다. 우리는 인종을 이야기할 때 아프리카계 미국인의 경험만을 상상하는 경향이 있는데, 그렇다면 이야기가 어떤 하나의 이야기로만 귀결됩니다. 그리고 흑인이 미국에 오면 사람들로부터 당연히 이런저런 걸 알 거라는 기대를 받게 되는데, 그는 정작 역사를 몰라서 그런 걸 모를 수도 있습니다. 만약 내 소설이 그런 다리를 놓는 데 기여할 수 있다면, 그리고 어떤 사람들은 내게 실제로 그렇다고 말해주는데요, 그건 내게 정말로 기쁜 일입니다.

자넬 홉슨Janell Hobson은 뉴욕주립대학교 올버니캠퍼스의 여성학 부교수이다.『몸의 증거: 인종을 매개하고,

젠더를 세계화하다』*Body of Evidence: Mediating Race, Globalizing Gender* 와『어둠 속의 비너스: 대중문화에서 검음과 아름다움』*Venus in the Dark: Blackness and Beauty in Popular Culture* 를 썼다.

다정하고 유쾌한,
21세기 페미니스트 선언문

『우리는 모두 페미니스트가 되어야 합니다』의 스웨
덴어판이 출간된 2015년 12월, '스웨덴 여성 로비' The
Swedish Women's Lobby 라는 단체는 출판사, 스웨덴유엔연
맹 UN Association of Sweden , 스웨덴노동조합연맹 The Swedish
Trade Union Confederation 등의 후원으로 이 책을 스웨덴의 모
든 16세 학생들에게 선물한다고 발표했다. 고등학생들이
이 책을 읽고 젠더 문제에 관한 대화를 나누기를 바란다
는 취지라고 했다. 세계에서 성평등이 가장 잘 이뤄진 나
라로 꼽히는 스웨덴에서 말이다.

미국의 공영방송사 NPR은 이 뉴스를 전하면서, "'젠더
주류화' gender mainstreaming 가 정부의 핵심 의제이고, 현재

장관 스물네명 중 열두명이 여성이며, 남녀 불문 480일의 육아휴직이 법으로 명시되어 있는 나라에서 페미니즘 소책자 배포는 별다른 뉴스도 아니었다"고 했다. 이 이벤트에 이의를 제기한 스웨덴인은 전혀 없었으며, 기자가 탐색한 바로는 한 칼럼니스트가 가벼운 불평을 했을 뿐인데, 그 이유는 "페미니즘의 기치를 교육받고 자란 스웨덴 고등학생들에게 이 책의 내용은 좀 구식으로 느껴질 수도 있어서"라고 했다.

'21세기 페미니스트 선언문'이라고 할 만한 이 책에 대한 설명은 위의 일화로 충분할지도 모르겠다. 이 책이 21세기 현재 우리가 꼭 이야기하고 넘어가야 할 문제를 다룬다는 것, 그 문제에 대한 인식이 세계 최고 수준인 사회에서도 이 책의 내용이 유의미하다는 것, 그리고 그 내용이 청소년부터 성인까지 모두가 읽을 수 있는 글로 씌어졌다는 것을 보여주기 때문이다. 정말 그렇다.『우리는 모두 페미니스트가 되어야 합니다』는 왜 오늘날 새삼스레 페미니스트 선언이 필요한지를 말하는 책이다. 더구나 그 선언을 더없이 다정하고 유쾌하게 말한다. 누구를 비난하기보다 모두를 초대하여, 앞으로 이렇게 해보자고 말한다. 어느 나라, 어느 문화, 어느 연령의 사람에게든 일말의 껄끄러운 마음 없이 선뜻 건넬 수 있는 책이다. 물론 어느 성性의 사람에게든.

이 책으로 이름을 처음 접한 독자도 많겠지만, 치마만다 응고지 아디치에는 이전에도 충분히 각광받는 작가였다. 올해 40세로 나이지리아 출신인 아디치에는 그동안 세권의 장편소설과 한권의 소설집을 발표했고, 독자들의 호평과 수많은 상을 받으면서 젊은 작가 중 단연 촉망받는 존재로 떠올랐다. 언론정보학, 정치학, 아프리카학을 공부한 이력답게 그는 고국 나이지리아와 현재 거주하는 미국 양쪽에서 정치를 포함한 다양한 주제에 대해서 글로 의견을 밝히기를 주저하지 않는다.

그런 아디치에이지만, 오빠의 권유로 한 테드 강연이 전세계에서 엄청난 인기를 끈 것은 그에게도 놀라운 일이었을 것이다. 아프리카 사람들을 주된 청중으로 가정했던 삼십분짜리 강연이 유튜브에서 높은 조회수를 기록하고, 강연 내용이 글로 쓰여서 자신의 다섯번째 책이 되고, 그 책을 스웨덴의 모든 16세 아이들이 읽게 되리라고는, 또 강연의 일부분이 팝스타 비욘세의 노래에 삽입되리라고는 더욱 상상하지 못했을 것이다.

소설가인 자신이 페미니스트 선언문의 작성자로 더 유

명해진 것이 떨떠름할까? 그럴 리가. 아디치에는 이미 그의 소설에서도 페미니스트로서의 정체성을 숨기지 않았다. 그의 작품이 그를 반영하는 거울이라는 뜻은 절대로 아니다. 그 작품들은 어디까지나 훌륭한 문학/픽션이다. 다만 아디치에가 언젠가 말했듯이, 그는 자신이 열렬하게 관심을 쏟는 것, 자신이 정말로 잘 아는 것에 대해서만 쓴다고 한다. 페미니즘, 인종문제, 아프리카의 역사 등 그의 소설에서 저류로 흐르는 테마들은 모두 그가 대단히 중요하게 여기는 주제들이다.

비욘세가 강연 일부를 노래에 써도 되느냐고 물었을 때, 아디치에는 망설이지 않았다고 한다. 아디치에는 스스로 지닌 영향력을 잘 다스리고 이용하는 여성들을 존경한다며, 그중 하나인 비욘세가 자기 말을 퍼뜨려주는 것은 재미난 일이라고 했다. 자신은 어디까지나 글로 말하는 작가로서의 정체성이 분명한 사람으로서, 무슨 화려함 따위를 갈망해서 승낙한 것은 아니라고.

아디치에가 어떤 작가인지는 이 책에 함께 수록된 두 글, 「여성스러운 실수」와 「인터뷰: 이야기꾼」에서 좀더 느낄 수 있을 것이다. 짧은 꽁트처럼 읽히는 전자에서는 그의 (말이 아니라) 글을 맛볼 수 있고, 페미니즘 잡지와의 인터뷰이지만 다른 주제에 대해서 더 많이 말한 후자에서는 그의 다른 측면들을 엿볼 수 있다.

그리고 아디치에는 실로 '나이지리아 출신의 젊은 여성 작가'라고만은 요약될 수 없는, 개성적이고 매력적인 한 인간이다. 잡지 『보그』와의 인터뷰에서 밝힌 바에 따르면, 그는 자신의 옷을 손수 디자인해서 지어 입는다고 한다. 천의 무늬까지도 직접 디자인한단다. 타고난 여성성을 있는 그대로 만끽하는 페미니스트가 되기로 했다는 그의 말은 그냥 해본 말이 아니다.

그는 또 자신이 나이지리아에서는 드문 수준으로 부와 교육의 혜택을 받은 사람이란 것도 잘 안다. 그의 어머니는 나이지리아대학 최초의 여성 교무과 직원이었다. 얼마 전에 그는 자신이 오래전부터 우울증을 앓아왔다는 사실도 밝혔다. 강단 있고 밝아 보이는 겉모습이 당연히 그의 전부는 아니며, 그도 자신을 남들이 모든 면에서 부러워할 만한 롤모델로 내세울 마음 따위는 없는 것이다. 그리고 그는 결혼해서 남편과 함께 미국에서 살고 있지만 '부인'Mrs.으로 불리는 것은 거부한다.

어떤 사람들은 '모두를 위한 21세기 페미니스트 선언문'을 쓴 그가 알고 보면 결혼했다는 사실에 놀라고 심지어는 약간의 배신감까지 느끼는 모양이지만, 그것은 그들이 아디치에의 글을 건성으로 읽었다는 증거일 것이다. 남자든 여자든, 아이든 어른이든, 그리고 비혼이든 기혼이든 우리 모두가 페미니스트가 되어야만 평등한 세상을 만들 수 있다는 것이야말로 아디치에가 줄곧 말하는 바이기 때문이다.

2016년 1월

김명남

우리는 모두 페미니스트가 되어야 합니다

초판 1쇄 발행/2016년 1월 20일
초판 32쇄 발행/2024년 12월 13일

지은이/치마만다 응고지 아디치에
옮긴이/김명남
펴낸이/염종선
책임편집/최지수
조판/박지현
펴낸곳/(주)창비
등록/1986년 8월 5일 제85호
주소/10881 경기도 파주시 회동길 184
전화/031-955-3333
팩시밀리/영업 031-955-3399 편집 031-955-3400
홈페이지/www.changbi.com
전자우편/nonfic@changbi.com

한국어판 ⓒ (주)창비 2016
ISBN 978-89-364-7279-5 03300